La. 32; 281.

LA RÉVOLUTION FRANÇAISE

ÉTUDIÉE DANS SES INSTITUTIONS,

DISCOURS PRONONCÉ LE 3 DÉCEMBRE 1850 A L'OUVERTURE DU COURS
DE LÉGISLATIONS COMPARÉES,

PAR M. ÉDOUARD LABOULAYE,

Membre de l'Institut, professeur au Collège de France.

MESSIEURS,

L'année dernière nous avons étudié l'histoire de la Constitution des Etats-Unis d'Amérique. Dans le temps où nous vivons, il était difficile de rencontrer un sujet qui eût pour nous plus d'intérêt et plus d'utilité, car la situation de l'Amérique, en 1787, avait de singuliers rapports avec la situation présente de la France, et c'est aussi parmi des obstacles sans nombre que les fondateurs de la liberté américaine organisèrent un gouvernement. Vous n'avez pas oublié le triste spectacle que nous a présenté l'Amérique au moment où la paix obtenue par nos efforts lui promettait des jours heureux. La République naissante manqua mourir dès le berceau. Dix ans de guerre avaient appauvri le pays; le papier-monnaie avait conduit fatalement à la banqueroute; point de crédit, point d'argent, point d'impôts; la faiblesse du pouvoir central encourageait l'indépendance des Etats particuliers; la désunion était partout; l'anarchie et la sédition menaçaient d'une ruine prochaine ce gouvernement nouveau, dont l'Angleterre proclamait l'impuissance avec une joie secrète, et déjà dans l'Amérique même, sur cette terre où jamais un roi n'avait paru, on parlait de la monarchie comme du seul régime qui pût fonder et maintenir l'unité d'un grand pays.

Ce fut alors et quand tout semblait perdu, quand Washington lui-même en venait à désespérer de l'avenir ; ce fut alors qu'il se rencontra des hommes assez éclairés pour voir le remède à tant de maux, assez hardis pour le proposer, assez dévoués pour entreprendre une œuvre en apparence impossible : ramener l'opinion prévenue, diriger les esprits vers un même but, et, au mépris de tous les préjugés et de tous les intérêts particuliers, fonder l'union. Sans autres moyens que la parole et que la plume, de simples citoyens proclamèrent la nécessité d'une Constitution qui unît tant de membres épars, firent adopter au Congrès leur projet d'une assemblée de révision, décidèrent le pays dans le choix de ses institutions, les défendirent contre les attaques de la passion ou de l'erreur, et, à force de patience et de courage, dotèrent enfin l'Amérique de cette organisation démocratique qui fait sa force et sa grandeur.

Telle fut l'œuvre des Franklin, des Randolph, des Madison, des Jay, et de ces deux hommes unis par une constante amitié, et que l'histoire ne séparera pas ; l'un, Washington, le plus grand caractère des temps modernes par son désintéressement et sa persévérance, cachant sous un front sévère la passion qui domina toute sa vie, l'amour de la patrie et de la liberté ; l'autre, est cette âme aimante, ce cœur généreux, cet esprit facile que la fortune trouva toujours à son niveau ; c'est ce soldat, cet orateur, cet écrivain, ce législateur, ce financier, qui fut tour à tour le bras, la plume et quelquefois la pensée de Washington ; c'est le brave, le chevaleresque, le malheureux Hamilton !

Nous avons fait revivre ces illustres morts ; nous leur avons demandé le secret de leur politique et de leur vie.

Cette Constitution, qui résumait pour eux ce que l'expérience du monde avait reconnu de conditions nécessaires au maintien de la liberté, nous l'avons vue naître et se former, nous l'avons suivie dans les longues épreuves qu'elle a traversées. Discutée dans le Congrès, soutenue par Hamilton et Madison, dans le *Fédéraliste*, défendue dans les États particuliers par ceux qui voulaient l'union, la Constitution ne fut pas imposée par des mandataires, qui peuvent se méprendre sur la pensée nationale; elle fut réellement discutée et acceptée par le pays tout entier. Ce qui devait être la loi de tous fut l'œuvre de tous. C'est la seule Constitution qui ait passé par cette épreuve; c'est pour cela, peut-être, qu'elle est la seule qui ait duré.

Il n'est pas un des problèmes politiques qui nous intéressent aujourd'hui, que nous n'ayons agité avec ces nobles esprits; car les conditions d'un gouvernement libre n'ont pas varié depuis un demi-siècle, et l'Amérique, en 1787, était peut-être, par ses mœurs et son esprit, plus démocratique que la France d'aujourd'hui. Séparation des pouvoirs, indépendance du président et de l'administration, garanties contre l'usurpation des assemblées, rôle de la puissance judiciaire, distribution du droit de suffrage, liberté communale et provinciale, il n'est pas une de ces questions délicates qui, longuement examinée par les législateurs des États-Unis, n'ait été résolue avec une sagesse et une raison vraiment admirables. Sur le mérite de ces solutions, que nous discutons encore, le temps, ce juge irréfragable, a prononcé sans appel. Il y a soixante ans que la Constitution des États-Unis dure dans toute sa majesté, et non-seulement elle est restée entière, environnée du respect universel, considérée par tous comme le palladium de la liberté, mais encore elle a servi de modèle aux

Constitutions particulières des trente États de l'Union. Toutes sont des imitations, des copies de cette œuvre sanctifiée par les années et que protége le bien qu'elle a fait. C'est encore la pensée de Washington et de ses amis qui gouverne l'Amérique. Le génie de quelques patriotes est devenu l'esprit de la nation ; et, par un phénomène sans exemple dans les annales du monde, la Constitution des États-Unis est aujourd'hui plus populaire qu'à son début. Les générations nouvelles l'ont si bien adoptée, que cette charte, vieille d'un demi-siècle, est plus que jamais la parfaite expression de la volonté nationale. De quelle Constitution, même faite de la veille, en peut-on dire autant ?

Je ne sais, Messieurs, si l'on trouverait dans les annales du monde un spectacle plus beau, plus touchant que cette histoire où le succès couronne tant de patriotisme et de raison. A la suite de tant de bouleversements qui ont ébranlé non-seulement la fortune des empires, mais l'esprit même de l'homme, trop de gens en sont venus à considérer la destinée des nations comme un jeu de la force et du hasard, où les plus habiles sont les plus égoïstes. Le monde est rempli de ces Machiavels, qui n'ont jamais pensé qu'à eux-mêmes et aux étroites combinaisons de leurs intérêts ; et cependant l'œuvre de ces hommes d'État est toujours éphémère ; leur vie se compte par les échecs qu'ils ont reçus.

Voilà, au contraire, des hommes qui avaient plus de caractère que de science, mais qui avaient au plus haut degré l'amour et le sentiment de la liberté. Ces hommes, qui acceptaient franchement la démocratie comme l'ordre social qui convenait le mieux à leur siècle et à leur pays, n'ont voulu qu'une seule chose, organiser le gouvernement de tous par tous. Ils n'ont point rusé avec les institutions, ils n'y ont point introduit d'éléments étrangers ; c'est en modérant la démocratie par elle-même qu'ils l'ont disciplinée. La règle et le principe suprême de leur gouvernement, c'est la volonté de la nation, mais la volonté vraie, raisonnée, légitimement manifestée, et non point l'intérêt d'une oligarchie légale, encore moins la violence d'une poignée de séditieux qui, trop souvent, s'impose et se substitue à la nation. Eh bien, dans leur droiture et leur simplicité, ces esprits honnêtes ont trouvé ce que les plus habiles politiques n'ont pu, jusqu'à présent, découvrir en France, une Constitution nationale qui fût adoptée par le pays.

Aussi leur gloire a été grande et pure, et, par une juste récompense, il leur a été donné de jouir du bien qu'ils avaient fait. Quoi de plus touchant que la fin d'Adams et de Jefferson? C'est cinquante ans après la déclaration de l'indépendance, au grand anniversaire du 4 juillet, parmi les cris de reconnaissance et les bénédictions des générations nouvelles célébrant après un demi-siècle l'œuvre de leurs bienfaiteurs, que s'endormirent dans leur paisible triomphe ces deux premiers successeurs de Washington, ces vétérans de la liberté!

Au milieu d'une révolution, quand tant de passions grondent encore, un pareil exemple fait du bien; c'est une grande leçon de morale et de politique. Elle ranime la confiance dans ces éternels principes qui dirigent l'homme ici-bas; elle empêche de désespérer pendant l'orage; elle élève l'esprit, elle calme le cœur.

Cette étude de la Révolution et de la Constitution américaine en appelait involontairement et presque nécessairement une autre. Il est impossible, pour un Français, de considérer le développement de l'Amérique et de se rendre compte de la part, et de la part très-grande, qu'y prennent les institutions, sans faire un retour douloureux sur notre condition, sans demander d'où vient cette différence qu'un sort jaloux a mise entre les deux nations.

Depuis soixante ans l'Amérique vit heureuse et puissante sous l'empire des lois qu'elle s'est librement données; elle est en pleine jouissance de son gouvernement. On n'y connaît point de parti qui vive en dehors de la Constitution et vise à la renverser. Sans doute on agite là-bas de graves questions industrielles, commerciales, politiques, et il en est une, l'esclavage, qui peut amener un jour la dissolution de l'Union; mais on ne se dispute plus, depuis longtemps, sur l'organisation des pouvoirs législatif, exécutif et judiciaire, sur le droit du peuple à régler son gouvernement et à administrer ses intérêts; le problème constitutionnel est résolu.

En France, au contraire, depuis soixante ans nous avons changé huit ou dix fois de gouvernement et de Constitution, passé de l'anarchie au despotisme, essayé deux ou trois formes de république et de monarchie, épuisé la proscription, l'échafaud, la guerre civile et la guerre étrangère, et après tant d'essais, et des essais payés de la fortune et du sang de la France, nous ne sommes guère plus avancés qu'au début. La Constitution de 1848 a pris pour modèle la Constitution de 1791 qui n'a pas vécu, et on agite aujourd'hui les questions mêmes qu'en 1789 on se flattait d'avoir résolues. Ouvrez l'histoire de la Constituante, vous y verrez discuter, sous le nom de *veto*, l'indépendance du pouvoir exécutif; vous y retrouverez la question des deux Chambres et l'organisation du suffrage universel. Je n'oserais dire que sur tous ces points nous ayons reculé, mais certes nous n'avons pas avancé, et les discours prononcés à la Constituante pourraient servir dans notre Assemblée. D'où vient cette différence? Comment se fait-il que les Américains aient organisé la liberté sur des bases durables, tandis que nous, qui certes ne leur sommes pas inférieurs en civilisation, nous qui avions leur exemple sous les yeux, nous avons toujours échoué? C'est là assurément un des problèmes les plus intéressants de la science politique; et il nous semble impossible que le rapprochement des deux révolutions, la comparaison des institutions, ne nous donnent pas une instruction sérieuse, et plus encore, le secret de nos désastres, et le moyen d'éviter un nouveau naufrage.

J'ai donc cru bien faire en choisissant pour sujet de nos travaux l'histoire de la législation française pendant la Révolution, sujet difficile, d'un intérêt douloureux sans doute, mais incomparable pour un Français, et qui, fécond en leçons, met à notre service la pensée, l'effort de tous les grands esprits qui ont rêvé pour la France un gouvernement libre, et auxquels a manqué le succès plus que le dévouement.

C'est un cadre immense, que nous ne remplirons pas en une seule année; car ce que nous voulons étudier, ce n'est pas seulement la Constitution, ou les différentes Constitutions qu'a reçues la France de 1789 à 1800, c'est toute la législation.

Etudier la Constitution seule des Etats-Unis, c'était chose naturelle et commandée par le sujet même. La Révolution américaine n'a été qu'une insurrection contre la métropole, une résistance à la suzeraineté prétendue par l'Angleterre sur des colonies qui réclamaient l'égalité politique, une guerre étrangère plus qu'une guerre civile. Pendant comme après la lutte, la société américaine n'a point changé; elle a gardé son administration intérieure, toute libérale et souvent toute républicaine, ses lois civiles et ses lois criminelles. Il a fallu seulement fonder une Constitution fédérale, qui réunît en une nation ces treize États qui prétendaient chacun à la souveraineté. La simplicité de la tâche en explique déjà le succès. Le problème était à peu près ce qu'il est aujourd'hui, en France, où personne (sauf les socialistes) ne propose de changer les institutions civiles; ce qu'on voulait, c'était simplement et uniquement un gouvernement central, une Constitution.

En France, au contraire, la révolution a été sociale; ce n'est pas seulement le gouvernement, c'est la société tout entière qui a été bouleversée. On n'a pas remplacé un gouverneur ou un roi par un président : c'est la monarchie, c'est la noblesse, c'est le clergé qu'on a renversés. On a changé la condition du sol et la condition des personnes; administration, finances, justice, police, éducation, armée, marine, lois civiles et criminelles, toutes ces institutions, calculées pour la royauté, sont tombées avec elle; il n'est rien resté de l'ancien édifice; tout a été ruiné. C'est de ces décombres qu'est sortie une société nouvelle, séparée de l'ancien monde par un abîme infranchissable. Il n'est rien resté de la France monarchique; et il faut le reconnaître, quelles que soient nos prétentions, nous datons tous de 1789.

L'œuvre des Constituants a donc été des plus complexes. En séparer une partie et l'étudier isolément, serait une cause d'erreur. Doter la France d'une Constitution n'était pas pour nos pères, comme naguère pour l'Amérique, comme aujourd'hui pour nous, un problème simple malgré son étendue. Ils étaient en présence de difficultés sans nombre, et qui naissaient les unes des autres; ils agissaient sur une société rebelle, où les mœurs et les idées n'étaient point d'accord , et , pour réussir, il fallait la transformer. La Convention ne trouva pas de moindres obstacles. Sans doute il ne restait plus que des ruines de gouvernement, mais la société n'en résistait pas moins aux novateurs. Il fallait pour la vaincre un effort continu, désespéré, et c'est en l'attaquant de tous côtés qu'on voulut la soumettre et la régénérer malgré elle.

Vous voyez quelle est l'étendue de la tâche que nous entreprenons, c'est l'ensemble des lois et des décrets de la Révolution qu'il nous faut étudier (et le nombre en est considérable ; je ne crois pas exagérer en évaluant à trente mille lois ou décrets, les dispositions législatives de ces onze années). Sans doute, pour la clarté de l'exposition, il est bon de diviser : par exemple, il faut séparer l'examen de la Constitution de celui des lois civiles, ou des lois criminelles, mais sans oublier que cette division est factice, et bonne seulement pour aider la mémoire, que les lois civiles s'expliquent par les lois politiques aussi bien que les lois criminelles, et réciproquement. Tout se tient, tout s'enchaîne. La Révolution a fait entrer dans la société française les principes de liberté, et surtout d'égalité, qui n'étaient pas dans nos anciennes institutions, toutes fondées sur le principe d'ordre, de hiérarchie, de subordination. Il a donc fallu poursuivre cette transformation dans ses moindres rameaux, réformer la monarchie, séparer l'Eglise de l'Etat, changer l'administration, inventer un nouveau droit politique, civil, criminel, et une nouvelle organisation judiciaire. Telle a été l'œuvre incessante de la Constituante, de la Convention et du Consulat. Chaque jour, chaque heure a vu éclore un décret pour achever la défaite de l'ancien monde et l'avénement du nouveau. L'histoire de la législation française à cette époque n'est donc rien moins que l'histoire même de la Révolution, histoire intérieure, civile, bien entendu ; mais enfin, puisqu'on ne peut séparer les institutions des hommes qui les ont fondées, histoire de la Révolution, et la plus exacte de toutes, puisqu'elle repose non sur des suppositions, mais sur des faits, et que ce sont les auteurs mêmes de ce grand événement qui nous parlent dans leur œuvre, et qui nous y attestent leur volonté et leur désir.

Une histoire de la Révolution même réduite aux institutions, et faite, par conséquent, d'un point de vue particulier, ce n'en est pas moins une œuvre lourde, difficile, et peut-être inutile. On a tant écrit sur cette époque, qu'il ne doit plus rien rester à dire sur ce sujet épuisé.

Que l'œuvre soit difficile, je le sens mieux que personne au moment de me mesurer avec elle ; mais inutile, je n'en conviens pas. Car cette histoire des institutions, le pays en a un besoin extrême, et cependant on ne l'a pas faite, elle n'existe pas.

Qu'il y ait en France un vif désir de connaître ces temps si près de nous quand on compte les années, si éloignés quand on considère le caractère et la multitude des événements, c'est ce que témoigne la publication récente de tant d'histoires de la Révolution. C'est là, du reste, un phénomène qu'on retrouve à toutes les époques d'agitation et de reconstruction politique. Quand les esprits sont fortement remués, on demande au passé le secret de l'avenir ; on cherche dans l'histoire des époques semblables à celle où nous vivons. En de pareils moments, l'homme se sent faible, et n'ose s'en fier à sa raison ; il a un besoin d'expérience, d'autorité, qui le pousse vers les siècles écoulés ; un instinct secret et sûr lui dit qu'en politique le seul juge des théories, c'est l'événement.

Maintenant, au point où nous en sommes, quand il s'agit encore une fois de conserver ou de renouveler nos institutions politiques, est-il un livre qui donne satisfaction au besoin que je signale, un livre qui soit pour la Révolution ce que le dernier ouvrage de M. Thiers est pour le Consulat, qui, nous éclairant sur la valeur et l'efficacité des institutions révolutionnaires, dirige notre esprit et règle notre conduite? J'avoue ne le pas connaître. On a fait l'histoire des partis, de leurs idées, de leurs passions, de leurs vengeances. Nous avons l'histoire des hommes, nous n'avons pas celle des institutions; et cependant celle-là complète, éclaire et juge toutes les autres. Peut-être même est-ce celle qui nous convient le mieux en ce moment.

Permettez-moi de justifier en quelques mots ce qui peut vous paraître obscur ou singulier dans cette assertion.

Les premières histoires de la Révolution, écrites de 1789 à 1820 par des acteurs ou des témoins du drame, sont des mémoires; elles en ont la passion sans en avoir la franchise. Rédigées par des amis de la monarchie, ou par les défenseurs de la Constituante et de la Convention, elles expliquent tout par l'ambition ou les fautes des partis. C'est la faiblesse de Louis XVI, la légèreté de Calonne, le fédéralisme des Girondins, le fanatisme de Robespierre, les intrigues de la cour, les menées des émigrés qui ont compromis la plus sainte des causes. Si Mirabeau n'était pas né, il n'y aurait pas eu de révolution; ôté Robespierre, on n'eût pas connu la terreur; si Louis XV n'eût conquis la Corse, le Consulat n'eût jamais existé; les hommes sont tout, les institutions trop peu de chose pour que l'historien s'en occupe.

Il est peu nécessaire d'insister sur ce qu'il y a d'étroit et de faux dans ces livres qui n'ont plus d'autorité; l'erreur chez les contemporains est inévitable ; ils sont trop près des hommes pour voir autre chose, et il leur semble que les acteurs de la pièce en sont aussi les seuls auteurs. Il faut être placé à une certaine distance pour juger des influences qui dominent les individus, et des causes qui ne leur laissent souvent que la moindre part dans la conduite des événements, alors même qu'ils croient diriger seuls le mouvement.

Ces premiers essais, en rapportant tout à l'action indépendante et mobile des individus, ont le défaut de faire de l'histoire une espèce de morale en exemple, et non pas une science soumise à certaines lois qu'on peut observer ; les histoires récentes ont l'excès opposé, c'est de tenir compte des idées beaucoup plus que des hommes, et de réduire la vie humaine à une abstraction. Pour les écrivains systématiques, les hommes (je poursuis ma comparaison) ne sont plus que de simples acteurs, jouant, sans être responsables, un rôle qui leur est imposé. Pour celui-ci, c'est la force des événements, la fatalité qui a forcé la Révolution à fournir ce cycle fatal qui commence à Louis XVI et finit à Napoléon ; pour cet autre, la Convention a sauvé la France, et le salut public justifie tout ce qu'elle a fait ; pour un troisième, la Révolution a été une dernière évolution du christianisme, et Robespierre le dernier apôtre de la morale et de la fraternité chrétienne ; pour un quatrième, 1789 est la victoire de la bourgeoisie, et 1793 l'avénement du peuple ; autant d'écrivains, autant de systèmes, chacun renchérissant sur celui qui l'a précédé.

Je ne veux point critiquer en détail ces différents systèmes ; mais je signalerai un vice qui leur est commun, un vice radical : c'est de supprimer la liberté et la justice de la conduite des choses humaines, et d'ôter à l'histoire sa moralité et son utilité. Si la Constituante appelait nécessairement la Législative, si la Convention devait forcément écraser les fédéralistes pour sauver la France, si le 9 thermidor appelait le 18 brumaire, l'histoire de la Révolution n'a pas d'enseignement pour nous. On peut regretter pour Robespierre que les événements lui aient imposé un rôle sanglant, mais il faut le plaindre, et non le blâmer, car il n'était pas libre de se soustraire à sa destinée.

C'est ainsi qu'on aboutit à cette fameuse souveraineté du but qui justifie tous les moyens; doctrine qui fut celle de la Convention peut-être, mais qui, dans le jugement des affaires humaines, substitue un principe nouveau à la justice et à la raison. Tout change de caractère dans un pareil système ; ce n'est pas Louis XVI que guillotine la Convention, c'est la monarchie ; ce n'est point Malesherbes et Rosambo qu'on égorge, ce sont les anciennes Cours souveraines qu'on supprime violemment. Le monde est une algèbre, et les hommes des quantités abstraites qu'on place ou qu'on élimine suivant la marche des formules.

Vous voyez combien tous ces systèmes sont impuissants à satisfaire le besoin d'instruction qui nous dévore. Bons pour mettre en relief quelques-uns des principes directeurs de la Révolution, ils restent muets sur le caractère des institutions, ou plutôt ils le faussent, en remplaçant par je ne sais quelle fatalité, la liberté qui est de l'essence des œuvres humaines. Si ces institutions ont été exigées par les circonstances, elles n'ont qu'une valeur de position, et par conséquent ne peuvent nous servir. L'expérience faite dans des conditions qui ne se renouvelleront pas ne peut nous instruire.

Il y a quatre ans que parut une histoire célèbre et qui a

exercé sur nos destinées une grande influence, je veux parler des *Girondins* de M. Lamartine; elle se distingue de toutes les autres. Evidemment, l'auteur a été séduit au début par la théorie de M. Buchez, et sa source principale a été l'*Histoire parlementaire*, recueil utile mais systématique, et par conséquent incomplet. A ce livre, M. Lamartine a joint la lecture de ces mémoires nombreux et intéressants, où s'est représenté plus d'un personnage de la Révolution, et bientôt, laissant de côté le système, il s'est mis à peindre les hommes. C'est de ce côté que devait l'emporter sa nature de poëte et d'écrivain. Ce n'est plus une histoire régulière qu'il a faite, mais une suite de portraits touchés de main de maître. Son livre a réussi et devait réussir, car l'histoire est chez lui plus vraie que chez ses devanciers; elle est plus vivante, plus humaine, elle donne davantage à la responsabilité de chacun.

Mais malheureusement l'imagination a dominé l'artiste, et, comme en temps de révolution chaque caractère reçoit des événements une énergie fébrile, une force singulière, M. Lamartine s'éprend tour à tour pour chacun de ses personnages. C'est un peintre amoureux de son modèle. Il adopte les idées, il épouse les passions de celui qui pose devant lui, et par son merveilleux talent les fait accepter par le lecteur. Louis XVI est condamné, on admire ce roi dont la faiblesse fut un excès de bonté, et qui meurt avec la constance et la douceur d'un martyr. Mais comment blâmer ses juges, ces Girondins déjà proscrits dans la pensée de leurs ennemis et qui monteront d'un pas si ferme à l'échafaud? Nous nous intéressons à Vergniaud, si éloquent, à Valazé, si ferme, à Ducos, si spirituel, à Guadet, si mordant; nous oublions un instant la France pour suivre dans ses romanesques aventures Louvet, sauvé par l'héroïsme de l'amour. La Gironde disparue, je ne sais quel intérêt se reporte sur l'étrange figure de ce Danton, qu'on maudit sans le haïr ; Danton, singulier mélange d'énergie barbare et de faiblesse humaine, qui, maître d'écraser ses rivaux, meurt sans se défendre, parce qu'il est soûl de la vie, ou plutôt du sang qu'il a versé. Et comment séparer de Danton Camille Desmoulins, cet enfant perdu de la Révolution, qui sans doute poussa la légèreté jusqu'à la folie et à la cruauté ; Camille, dont la main imprudente et coupable livra les Girondins au bourreau, mais qu'on plaint cependant et qui mérite la pitié quand il meurt trahi par Robespierre, trahi parce que le pays qu'ils ont terrifié tous deux n'ose pas répondre à cette voix vibrante qui crie : plus de sang !

Et ce Robespierre même, resté jusqu'à présent inexplicable, fanatique ou ambitieux, je ne sais lequel, quand on fait son portrait, est-ce une figure indigne d'attention? Est-ce un homme vulgaire que celui qui avait inspiré une amitié aussi ardente que celle de Lebas et de Saint-Just, celui qu'un frère suivit volontairement à l'échafaud ? Et la mort de Robespierre, cette mort qui fut pour la France un jour de triomphe parce qu'elle était un jour de délivrance, la fin du règne de la Terreur, à la considérer en elle-même, par le côté pittoresque, n'a-t-elle pas quelque chose de saisissant? Cet homme, naguère le maître de la France, qu'on n'ose arrêter qu'en tirant sur lui, on l'apporte mutilé à la Convention ; on le jette sur une table, livide et sanglant, pour que chacun vienne, en l'insultant, jouir de sa chute ; mais lui, sans céder sous la malédiction universelle, fixe sur ceux qui l'outragent un œil inflexible, sans qu'un geste, un soupir, une larme laisse à ses ennemis le plaisir d'avoir humilié le Titan vaincu. Que dirait-on d'un martyr qui recevrait la mort avec un pareil dédain?

Dans ce livre, la Révolution ressemble à ces combats de gladiateurs dont saint Augustin nous fait la vive peinture; de loin on peut les fuir, mais on ne peut plus s'en tirer dès qu'on a entendu le premier cri, dès qu'on a vu le sang couler. On sort du monde réel pour assister à je ne sais quel spectacle, où, tout enivré d'un plaisir inhumain, on oublie la victime qui tombe pour suivre avec anxiété le meurtrier qui lutte encore, et va succomber à son tour. La Révolution est un combat où des furieux s'entr'égorgent; l'échafaud n'est qu'un instrument de guerre, et la guillotine, comme disait Desmoulins, un coup de sabre appliqué de la main du bourreau. Dans ce rêve pénible et qui énerve, la justice, l'humanité, la raison, sont des mots vides de sens; rien ne distingue le bourreau de la victime, le patriote qui meurt pour la liberté, de l'ambitieux qui, après avoir tout sacrifié à sa passion, monte à l'échafaud en maudissant la fortune qui l'a trahi. André Chénier et Desmoulins, Danton et Malesherbes, le mal et le bien, la vertu et le crime, tout est mêlé, tout est confondu.

L'histoire ainsi contée, c'est une chronique, et pis encore, c'est un roman, et un roman dangereux, par la part même de vérités qu'enferme ce livre, où le pays ne paraît pas. Quelle tête un peu ardente, quelle imagination un peu vive n'a poursuivi le rêve, et ne s'est promis d'être un Mirabeau, un Guadet, un Desmoulins, un Robespierre peut-être; ne s'est dit qu'après tout la politique est une partie où chacun peut se mêler, à la seule condition de mettre sa vie pour enjeu et de mourir bravement?

Non, ce n'est pas ainsi qu'on écrit l'histoire : qui dit histoire, dit jugement. Elle a horreur des systèmes et des romans, elle n'est ni fataliste, ni indifférente; et si l'intention ou le but peut justifier l'individu devant celui qui ne juge que les cœurs, ni l'intention, ni le but n'excusent devant ce tribunal inexorable l'homme qui, sans y être forcé, a pris le gouvernement de ses concitoyens. L'histoire, qui parle pour l'avenir, juge les hommes moins par ce qu'ils ont voulu faire que par ce qu'ils ont fait ; ce ne sont pas les intentions, ce sont les actes qu'elle pèse dans sa balance, et c'est par là qu'elle sert aux générations futures.

Voici des hommes qui ont tenu dans leurs mains les destinées de la France, et qui ont voulu la régénérer : qu'ont-ils fait ? quelles institutions ont-ils fondées ? quelles lois ont-ils décrétées ? C'est là ce qui nous touche bien plus que leurs pensées secrètes et des projets qui n'ont point abouti ; c'est là ce que l'historien oublie de nous dire. Ils ont proclamé l'égalité : voyons leurs lois civiles ;— ils ont revendiqué les droits de la justice et de l'humanité : voyons leurs lois criminelles ; — ils ont voulu fonder le règne du peuple : voyons leurs lois politiques. Ce ne sont point leurs intentions, ce sont leurs actes qui les jugeront ; les lois qu'ils ont faites, voilà le critérium avec lequel nous les éprouverons.

Qu'importe qu'ils aient proclamé l'égalité, s'ils ont proscrit des classes entières de citoyens, et confisqué les propriétés pour un crime de naissance ou de religion ! Qu'importe leur vain éloge de la justice et de l'humanité, si les formes protectrices de l'innocence ont été abolies ; si un tribunal de sang a égorgé, sans les entendre, tous ceux qu'on envoyait devant lui ; si chaque jugement a été un assassinat ! Qu'importe qu'on ait proclamé la souveraineté du peuple, si tout a été fait pour soumettre la nation au despotisme d'une minorité ! Qu'importe qu'on ait proclamé la liberté, si l'on a ruiné toutes les conditions sans lesquelles elle ne peut vivre ! Voilà les principes que vous avez proclamés, je les accepte ; voici les lois que vous avez rendues. Comparons et jugeons !

Voyez maintenant, Messieurs, quelle est l'importance de l'histoire des institutions. Ce n'est pas la voix d'un parti, l'apologie d'une idée ou d'un homme ; c'est un jugement impartial ; et toutes les opinions peuvent comparaître devant ce tribunal, où l'on répond non de ce qu'on a pensé, mais de ce qu'on a fait.

Vous comprenez maintenant ce que sera cet enseignement. Laissons aux grands écrivains le récit dramatique des choses, la vive peinture des hommes ; qu'ils continuent de nous émouvoir et de nous charmer : mais nous qui cherchons dans la Révolution, moins une explication nouvelle d'événements connus qu'une leçon sérieuse pour le présent ; nous qui voulons surtout éclairer notre raison, nous demanderons aux institutions, aux lois, cet enseignement que le passé ne refuse jamais au présent, quand on le cherche avec patience et bonne foi. Ne craignons pas de remuer la poussière du *Bulletin des lois* et du *Moniteur*, nous y trouverons d'utiles exemples, et peut-être le moyen d'éviter bien des erreurs.

Ne croyez pas, du reste, que cette étude soit aride et qu'on ne puisse s'y attacher. Je suivrai le système qui m'a réussi l'an dernier ; je vous ferai connaître les hommes en même temps que les institutions, car les uns s'expliquent par les autres. Et comme nous avons appris à connaître Washington, Hamilton, Jay, Jefferson, en étudiant leurs œuvres, nous apprécierons de même Turgot, Necker, Mirabeau, Mounier, Barnave, les Girondins, Robespierre, les fondateurs de la Constitution de l'an III ; et, dans l'ordre civil, les Thouret, les Tronchet, les Merlin, les Cambacérès, les Portalis, noms recommandables, et qui tiennent dans la Révolution bien plus de place que nos historiens ne leur en donnent ordinairement.

Car c'est encore là un des mérites particuliers de l'étude telle que je l'entends, qu'elle nous fera connaître à fond la Révolution, qu'on n'étudie qu'à la surface, dans les événements extérieurs, dans les agitations de l'Assemblée ou de la rue. Mais, au-dessous de ce mouvement, il y avait un travail souterrain, un travail considérable, qui modifiait la société et préparait les générations nouvelles. Les Comités rédigeaient des lois adoptées presque sans discussion, et ces lois, destinées à survivre à la Révolution, et que nos Codes ont résumées plus qu'ils ne les ont remplacées, nous ont faits ce que nous sommes. Ne pas les connaître, c'est ne rien comprendre à l'histoire du pays. Comment, en effet, se rendre compte de la persistance de l'esprit nouveau, quand toutes les formes de gouvernement changent, quand le nom de République même devient odieux et qu'on le proscrit? Tout s'explique, au contraire, pour qui étudie les institutions civiles, et l'effort continu du législateur pour introduire la liberté dans les mœurs.

C'est là le grand côté de la Révolution, celui par lequel les Assemblées sont restées populaires. C'est l'abolition de la féodalité et de ses priviléges, c'est l'égalité civile, c'est le jury, c'est la défense publique, c'est la liberté de la presse, ces bienfaits persistants, ces conquêtes de la Révolution, qui la défendent contre tant d'erreurs et tant de fautes. Mais, il faut bien le dire, les historiens ont peu de goût pour le droit, et ne se rendent pas assez compte de la place qui lui appartient dans l'histoire moderne. Quand ils ont raconté brillamment la nuit du 4 août et proclamé l'abolition des priviléges, ils croient en avoir dit assez; mais pour nous qui ne croyons pas qu'on change une société par un décret, il nous reste à étudier comment et par quel immense travail les Comités poursuivirent la féodalité et la chassèrent de son dernier refuge ; comment la législation criminelle fut réformée et ramenée aux principes de la liberté ; comment la nation tout entière reçut des institutions un nouveau principe et un nouvel esprit. C'est ainsi seulement que nous pourrons juger nos pères à leur juste mesure, et, malgré leurs fautes et leurs malheurs, ils sont assez grands pour que la vérité ne les amoindrisse pas.

J'espère, Messieurs, que vous sentez à présent qu'on peut, sans une ambition déplacée, essayer d'envisager la Révolution par un côté jusqu'à présent peu étudié, quoique assurément ce soit l'histoire la plus riche en matériaux de toute espèce, car ils surabondent, et la plus sûre, puisqu'on n'y procède point par supposition et qu'on n'avance que pièces en mains.

C'est en même temps l'étude la plus instructive, puisqu'elle nous remet sous les yeux la solution qu'a donnée l'expérience à tant de questions qu'on agite aujourd'hui comme nouvelles, et que le temps a jugées ; puisque ainsi nous pouvons garder et défendre des résultats péniblement conquis, et épargner le stérile travail de Pénélope à la France obligée, par les révolutions, de reprendre tous les dix ans ses institutions, de remuer de nouveau des questions depuis longtemps épuisées.

L'intérêt, l'utilité de cet enseignement sont choses évidentes, et cependant, je l'avoue, j'ai hésité à l'aborder.

Prenez garde, m'a-t-on dit, c'est un sujet dangereux que vous choisissez. C'était déjà beaucoup d'aborder les questions que soulève la Constitution américaine ; mais

au moins le public n'avait-il dans ces études qu'un intérêt indirect, plus scientifique que politique. Que le
suffrage universel soit plus ou moins fortement organisé aux États-Unis, que le pouvoir législatif y soit mieux
partagé, et le pouvoir exécutif plus énergiquement cons-
titué qu'en France, cela ne nous touche qu'imparfai-
tement, car l'Amérique, après tout, n'est pas la France;
mais transportées sur le sol français, ces questions prennent une gravité particulière. La Révolution française est
trop près de nous pour qu'on puisse la juger avec indifférence, les passions sont encore toutes vivantes, et on re-
trouverait les partis de 89 dans les partis d'aujourd'hui.
N'éveillez pas ces flammes qui couvent sous la cendre; crai-
gnez d'agiter les esprits.

Je l'avouerai, Messieurs, ces paroles m'ont ébranlé,
et si je croyais que de cette chaire pussent tomber des paroles qui portassent l'inquiétude ou l'agitation, je m'arrê-
terais aussitôt. Un citoyen qui croit tenir la vérité dans la
main a le droit de l'ouvrir toute grande, mais un professeur
est un fonctionnaire, et à ce titre il a des devoirs particuliers. S'il est une opinion qu'il lui paraisse nécessaire de pro-
pager à tout prix, qu'il écrive. Dans son cabinet c'est un citoyen; mais, dans cette chaire, il doit s'arrêter le jour où
son enseignement devient, malgré lui, une cause d'émotion.
C'est ici surtout qu'il n'est pas permis d'oublier que la
science est faite pour éclairer et non pour incendier.

Mais, à la réflexion, je n'ai vu nulle raison suffisante pour
renoncer à ces études, complément naturel de celles de l'an
dernier. D'où viendrait le danger? du sujet, du professeur,
de ceux qui lui font l'honneur de l'écouter?

Le sujet, en soi, est grave et sérieux, mais quel danger of-
fre-t-il? et, dans une république, quelle est la question qu'on

ne peut discuter quand on la traite de bonne foi, sans pré-
jugé, sans passion ?

Est-ce du professeur qu'il y a quelque chose à craindre ?
Mais il faudrait pour cela qu'il portât dans cette chaire la
passion, l'entraînement d'un parti ; il faudrait qu'il eût une
thèse toute préparée, un système fait d'avance, auquel il
prétendrait plier les choses, pour y plier aussi vos intelligen-
ces : telle n'est pas, assurément, ma disposition d'esprit.
Je n'apporte pas dans ces études une impartialité qui soit
de l'indifférence ; comment rester insensible en présence de
tant de maux soufferts ? mais je n'y cherche pas une réponse
faite d'avance, je ne veux pas dénaturer le passé pour en
servir le présent. Pour ce passé, d'ailleurs, je n'ai que le respect d'une grande infortune. Il me semble, pour emprunter
une belle idée de Vergniaud, que la France, à cette époque,
ressemble à deux amis qui, sans se connaître, se combattent
dans la nuit et se portent de profondes blessures, prêts à se
jeter dans les bras l'un de l'autre dès que le jour naissant
leur révélera leur cruelle méprise. J'étudie ce passé avec
quelque chose de ce respect et de cette curiosité pleine
d'émotion qu'éprouve le médecin quand il interroge le ca-
davre pour arracher à la mort les secrets de la vie. Qu'im-
portent les passions qui ont agité cette enveloppe mortelle ?
En présence des maux qu'elles ont causés il y a place pour
l'observation, il n'y en a plus pour le blâme !

D'ailleurs, une raison toute-puissante a emporté ma réso-
lution, l'idée d'un devoir à remplir, l'idée de répondre à
la mission dont l'État m'a honoré. En un temps où la
passion et l'erreur se disputent l'empire de l'opinion, il
me semble puéril d'agiter des questions purement scienti-
fiques, sans intérêt actuel, quand le titre même de ma
chaire m'autorise à traiter un sujet plus puissant. La science

ne profite-t-elle pas autant que le pays de cette attention que doit éveiller chez vous cette page de notre histoire? Mon devoir est-il seulement d'occuper votre esprit de recherches curieuses, et serait-il interdit de vous instruire plus utilement en formant, en développant chez vous ces connaissances qui servent toute la vie?

Songez-y, Messieurs, ce qui fait le citoyen, ce n'est pas seulement l'amour du pays, c'est encore la connaissance du bien et du vrai; sans cette éducation, le patriotisme et la vertu elle-même ne sont que des forces aveugles, sans direction, et qu'on peut facilement détourner. C'est toujours au nom du bien qu'on a fait le plus de mal, au nom de la religion qu'on a dressé des bûchers, au nom de la liberté qu'on a dressé des échafauds. Il faut donc une forte éducation politique. Un esprit qui a vu la vérité ne s'en éloigne plus; l'ambition elle-même s'éclaire, et c'est sur le triomphe du bien qu'elle fonde son succès. Voyez Mirabeau à la Constituante; l'homme, je vous le livre; mais comme il sait se servir des principes qu'il connaît, et comme il est grand quand il a raison!

Voulez-vous un exemple de ce que peut une sérieuse éducation? Prenez le seizième siècle, cette époque qui fut pour la religion ce que notre siècle est pour le gouvernement, un moment de crise et de régénération. Il y a une classe d'hommes qui, au milieu des désordres, ne varie pas, plus constants peut-être que les acteurs de notre Révolution; ce sont, pour la plupart, des magistrats, des jurisconsultes, tous nourris de la Bible et du Droit romain, tous inflexibles dans leurs convictions, au milieu des clameurs des partis qui, suivant l'usage des faibles, s'indignent qu'on ne partage pas leur mobilité, tous constamment fidèles aux principes français; c'est parmi eux qu'Henri IV trouvera ses appuis, ses défenseurs, et plus tard, ses conseillers. Un de Harlay, un Pithou, un Pasquier, un Loisel, un de Thou, avant eux, un Olivier, un l'Hospital. Des études profondes ont formé des convictions énergiques, inébranlables. Ce sont ces convictions qui font les grands et les bons citoyens.

Mon but vous est connu : vous donner des idées justes, des opinions arrêtées sur les questions sociales, politiques, législatives, qu'on a remuées dans la Révolution, et qu'on agite encore aujourd'hui. Pour cela il me faut vous exposer les opinions diverses, les résumer et conclure, sans prétendre en rien vous imposer mon jugement. Puis-je craindre maintenant qu'il soit dangereux de chercher la vérité librement, devant vous et avec vous? Messieurs, je ne vous ferai pas l'injure de le supposer. Quelles que soient vos opinions, j'ai pleine confiance dans votre indépendance et dans votre impartialité! Ce ne sont point les idées qui séparent les hommes, ce sont les passions, et dans cette enceinte, où seule règne l'étude, il n'y a place pour les passions de personne. Nous voulons tous fonder la liberté sur des bases durables, organiser le noble gouvernement de la nation par elle-même; rien ne peut donc nous diviser. On est bien près de s'entendre quand on a tous dans le cœur un même désir, un même amour; le désir d'arrêter ces révolutions qui nous épuisent, l'amour de notre sainte et malheureuse patrie!

Imprimerie de Baxxvrxx et Cᵉ, rue Lemercier, 21, Batignolles.